Carmen Dahlem · Beate Schmitz

Taschen
aus Wachstuch

Genähtes aus wasserfesten Stoffen

OZ creativ

Vorwort

Taschen kann man nie genug haben – am besten ist für jede Lebenslage eine greifbar! Und dabei sind Taschen nicht nur praktisch für den Transport von Gegenständen, persönlichen Lieblingsschätzen oder der Einkäufe, sondern auch ein modisches Statement und sogar Sammelobjekt. Für jedes Outfit – egal ob lässig, verspielt, sportlich oder elegant – die perfekte Tasche muss es sein!
Und weil man die nicht immer kaufen kann, gibt es dieses Buch. Wir haben uns für Sie eine Reihe von ungewöhnlichen, aber sehr praktischen und funktionellen Taschen und passenden Accessoires ausgedacht. In Ihren Lieblingsfarben genäht, wird aus jedem Modell der perfekte Begleiter.

Wir wünschen Ihnen viel Spaß beim Nacharbeiten!

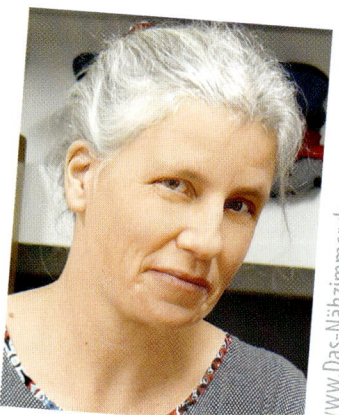

www.Das-Nähzimmer.de

Beate Schmitz

Beate Schmitz

Carmen Dahlem

www.griffbereit-design.de

Carmen Dahlem

Inhalt

Freie Fahrt

Fahrradtaschen | Größe: ca. 35 x 35 x 35 cm (abhängig von der Taschengröße)

Wer will schon die Einkaufstaschen am Lenker hängen haben? Drei einfache Taschen werden zerschnitten, anders zusammengenäht und erwachen so als Fahrradtaschen zu neuem Leben.

Tipp

Die hier verwendeten Taschen sind 35 x 35 x 11 cm groß. Sind die Taschen sehr viel breiter, kommt man eventuell mit den Pedalen nicht mehr an ihnen vorbei. Halten Sie die Taschen am besten zuvor ans Fahrrad, um zu sehen, ob die Größe geeignet ist.

Material

- ca. 50 x 50 cm beschichteter Baumwollstoff
- 3 Planentaschen
- Wachstuch- oder beschichtete Stoffreste in passender Größe oder eine vierte Tasche (um die Werbeaufdrucke zu übernähen)
- ggf. Reißverschluss (Meterware) und Zipper
- 30 cm Klettverschluss, jeweils Haken- und Flauschband
- schmales, doppelseitiges Klebeband für Textilien
- Bleistift (probieren Sie an einer Stelle aus, ob Sie die Bleistift-markierungen wieder wegradieren können) oder wasser-löslicher Markierstift
- Malerkrepp oder anderes Klebeband
- Rollschneider, Schneideunterlage

Zuschneiden

Aus dem beschichteten Stoff schneiden Sie das Zwischenteil zu, das später auf dem Gepäckträger liegt und beide Taschen miteinander verbindet. Die Größe ermitteln Sie wie folgt:

Breite: Breite der Tasche (ohne Einfassung gemessen -- meistens sind die Taschen noch mit einem Streifen eingefasst, der auch etwa 1 cm breit ist) plus 2 cm Nahtzugabe

Länge: Breite des Gepäckträgers plus 6 cm x 2 plus 2 cm Nahtzugabe. Für meine Tasche ergab das ein Rechteck von 42 x 34,5 cm.

So geht's

1 Trennen Sie von zwei Taschen die Henkel ab. Falls Henkel und Saum zusammen angenäht waren, nähen Sie den Saum wieder fest. Die dritte Tasche schneiden Sie für die Taschen-klappen in der Mitte auseinander (Seiten und Boden werden halbiert).

2 Falten Sie den Boden links auf links in die Klappe und nähen den Umschlag (jedoch nicht die Seitenteile = seitliche Dreiecke) fest. Schlagen Sie die Kanten der Seitenteile 1 cm breit nach links ein. Steppen Sie die Kanten ab.

3 Falls Sie Werbeaufdrucke auf der Tasche abdecken möchten, nähen Sie etwas von Ihren Reststücken darüber, z. B. als kleine Reißverschlusstasche. Schneiden Sie dafür einen ca. 3 cm breiten Streifen und ein Rechteck in entsprechender Größe zu.

4 Nähen Sie Streifen und Rechteck rechts auf rechts an das Reißverschlussband, falten den Stoff nach außen und steppen die Nähte schmal ab. Ziehen Sie den Zipper auf das Band. Für die Seiten 2 ca. 3 cm breite Streifen zuschneiden und mittig rechts auf rechts füßchenbreit aufnähen.

5 Das Reißverschlussband auf Taschenbreite kürzen, die Seitenstreifen zweimal um die Kante nach hinten umschlagen und von vorne knapp absteppen. Ober- und Unterkante der Reißverschlusstasche gerade schneiden, 1 cm breit nach links einschla-

gen und die Tasche über den Werbeaufdruck nähen. Einfacher gelingt dies, wenn Sie die Tasche mit Klebeband fixieren und dann aufnähen.

6 Falten Sie die Seiten des Zwischenteils (= die Kanten, die der Taschenbreite entsprechen, hier sind dies die Schmalseiten) rechts auf rechts zur Mitte, sodass die Schnittkanten aneinanderstoßen. Die Seiten aufeinandernähen, die Nahtzugaben an den Ecken schräg abschneiden und das Teil wenden. Steppen Sie die offenen Schnittkanten füßchenbreit fest.

7 Legen Sie fest, wie hoch und breit die Taschenklappen werden sollen. Falten Sie die Klappen in der entsprechenden Höhe. Schlagen Sie die Seitenteile am oberen Teil in Klappenbreite zur Klappe hin ein und ab der Faltkante in Klappenhöhe nach außen. Nähen Sie den Umschlag auf der Klappe fest (siehe roten Strich im Bild).

8 Messen Sie an einer der beiden vollständigen Taschen die Taschentiefe (= Breite des Seitenteils), hier sind dies 11 cm. Ziehen Sie von der Klappenbreite die Taschentiefe ab und rechnen Sie

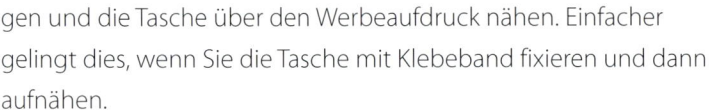

wieder 3 cm hinzu. In dieser Breite überlappen die Taschenklappen das Zwischenteil. Legen Sie die erste Taschenklappe in der ermittelten Breite über das Zwischenteil. Fixieren Sie die Teile mit Klebeband (nur da, wo Sie nicht nähen werden) und nähen Sie die Kante der Klappe schmal und ca. 3 cm breit fest. Orientieren Sie sich dabei an den bestehenden Nähten der Tasche. Fixieren Sie eventuell auch die Henkel mit Klebeband, damit sie nicht aus Versehen mitgefasst werden.

9 Nähen Sie die zweite Taschenklappe entsprechend fest.

10 „Probieren" Sie die Tasche an und markieren Sie die Öffnung für den Bügel des Gepäckträgers mit wasserlöslichem Markierstift. Hier ist die Öffnung 12 x 2,5 cm groß. Schneiden Sie die Öffnung mit dem Rollschneider aus. Runden Sie dabei die Ecken ab. Kleben Sie rund um die Öffnung doppelseitiges Klebeband schmal auf.

11 Messen Sie den Umfang der Öffnung und schneiden von einem der abgetrennten Henkel ein passendes Stück ab. Verschmelzen Sie die Schnittkanten mithilfe eines Feuerzeugs. Entfernen Sie das

Trägerpapier des Klebebands und kleben Sie das Band um die Öffnung. Steppen Sie es an der Außenkante schmal auf.

12 Schlagen Sie das Band nach innen um und steppen es erneut ab.

13 Schneiden Sie das Flausch- und Hakenband jeweils in 2 Stücke à 5 cm und 2 Stücke à 10 cm. Nähen Sie die kurzen Stücke vom Hakenband als Verschluss auf die Innenseiten der Taschenklappen und die kurzen Stücke vom Flauschband in entsprechender Höhe auf die Vorderseiten der vollständigen Taschen.

14 Halten Sie die vollständigen Taschen seitlich an den Gepäckträger und markieren Sie sich jeweils 1 Stelle, an der Sie die Tasche im unteren Teil mit Klettband an einer Querstange fixieren können. Nähen Sie jeweils ein langes Stück Flausch- und Hakenband (rechte Bandseiten zeigen in eine Richtung) etwa 2 cm überlappend aufeinander. Nähen Sie die entstandenen Klettstreifen an den Markierungen auf die Rückseiten der vollständigen Taschen. Dies gelingt am besten mit dem Freiarm der Nähmaschine.

15 Schlagen Sie die Klappen zurück und zeichnen Sie an beiden Seiten des Zwischenteils eine Linie im Abstand von 3 cm zur Kante. Legen Sie an diese Linien die Oberkanten der vollständigen Taschen und nähen Sie die Taschen schmal und ca. 3 cm breit fest. Orientieren Sie sich dabei wieder an den bestehenden Nähten.

Nicht nur für Siebenmeilenstiefel

Schuhbeutel | Größe: ca. 40 x 30 x 25 cm, passend bis Gr. 45 • Schnittteile 1a bis 1b in Grau auf Bogen B

Sie wollen nur kurz mit kleinem Gepäck verreisen – aber wohin mit den Schuhen? Mit diesem Schuhbeutel können Sie gleich mehrere Ihrer Lieblingspaare mitnehmen, und dank eingenähter Belüftung bleiben auch Sportschuhe immer schön frisch.

Material

- Stoff A: 65 x 80 cm Cordura in Dunkelblau
- Stoff B: 75 x 80 cm Cordura in Petrol
- Stoff C: 35 x 55 cm Cordura in Orange
- Stoff D: 24 x 9 cm Netzgewebe in Hellgrün
- 75 cm Reißverschluss (Meterware) und 1 Zipper
- 74 cm Gurtband, 50 mm breit
- 60 cm Klettband (Haken- und Flauschband)
- schmales, doppelseitiges Klebeband für Textilien

Zuschneiden

Stoff A
- 2x Taschenseite 1a

Stoff B
- 2x Taschenrücken 1b

Stoff C
- 1 Rechteck A von 32 x 52 cm

Stoff D
- 1 Rechteck B von 24 x 9 cm

Klettband
- 8x Hakenband à 6 cm
- 2x Flauschband à 29 cm

So geht's

1 Nähen Sie als Erstes die verstürzte Trennwand. Falten Sie hierfür Rechteck A rechts auf rechts zur Hälfte (auf 32 x 26 cm). Steppen Sie die offenen Kanten bis auf eine Wendeöffnung von ca. 6 cm an einer langen Seite zusammen. Schneiden Sie die Nahtzugaben an den Ecken schräg ab und wenden Sie das Teil.

2 Schlagen Sie die Nahtzugaben der Wendeöffnung nach innen und klammern diese fest.

3 Fixieren Sie an eine lange Kante das Hakenband und auf die Rückseite der gegenüberliegenden Kante das Flauschband mit Klebeband und nähen diese auf. Hierbei verschließen Sie automatisch die Wendeöffnung.

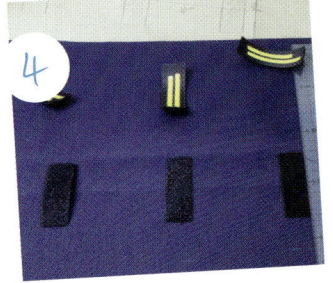

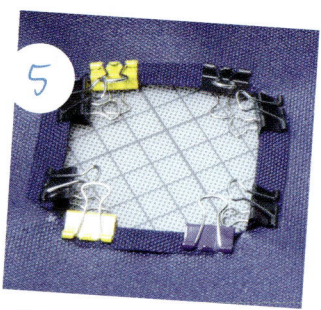

4 Positionieren Sie alle Klettbänder auf den Seiten der inneren Taschenteile 1a und 1b, wie im Schnitt eingezeichnet, und nähen diese fest.

5 Markieren Sie anschließend auf der linken Seite der Teile 1b die Position der Belüftungsfenster (siehe Markierung Schnitt) und schneiden diese innerhalb der Nahtzugabe aus und diagonal in die Ecken bis zur Umbruchlinie ein. Legen Sie die Nahtzugaben nach links und klammern diese fest.

6 Nähen Sie die Gurtbänder an den Kanten innerhalb der Passzeichen auf das Außenteil 1b (siehe dünne gepunktete Linie im Schnitt).

7 Anschließend nähen Sie eine Reißverschlusshälfte zwischen den Ansatzpunkten (siehe Markierung Schnitt) rechts auf rechts (Zähnchen zeigen zur rechten Stoffseite und zur Teilemitte) zur Außenseite zwischen die Teile 1a.

8 An den Ecken schneiden Sie das Reißverschlussband am besten ein wenig ein.

9 Lassen Sie am Ende noch ca. 3 cm überstehen, um den Zipper aufziehen zu können. Nun nähen Sie das zweite Band, wie oben beschrieben, innerhalb der Ansatzpunkte zwischen die Lagen 1b (siehe Markierung Schnitt). Ziehen Sie nun den Zipper auf und nähen Sie die Bandenden fest. Damit sind schon alle Taschenteile miteinander verbunden.

10 Ziehen Sie die Taschenteile auseinander und fügen sie wieder so zusammen, dass Sie zwei identische und am Reißverschluss verbundene Taschen erhalten.

11 + 12 Nun können Sie die jeweils zusammengehörenden Taschenteile 1a und 1b der Innen- als auch der Außentasche auf-einandernähen. Schneiden Sie an den Ecken jeweils das gerade verlaufende Teil etwas ein, um dieses besser um die Ecke legen zu können, und schneiden Sie am Schluss die Nahtzugaben an den Ecken schräg ab.

In der Innentasche lassen Sie eine Wendeöffnung von ca. 10 cm frei. Wenden Sie nun alles durch die Wendeöffnung und schließen sie diese.

13 Richten Sie die beiden Stoffteile mit den Belüftungslöchern bündig übereinander aus und steppen Sie die Kanten schmalkan-tig aufeinander.

Die Trennwand können Sie nun zwischen die Klettbänder einkletten.

Ordnung ist das halbe Leben

Bügel-Organizer | Größe: Länge ca. 100 cm • Schnittteile 2a bis 2g und Skizzen 2h auf Bogen A

Dieser Kleidersack mit aufgenähten Taschen hilft, im Schrank Kostüme samt Accessoires zu sortieren oder auf kurzen Reisen die notwendigsten Dinge auf einem Bügel beieinander zu haben.

Material (für 1 Organizer)

- Stoff A: 100 x 140 cm beschichteter Baumwollstoff
- Stoff B: 60 x 140 cm beschichteter Baumwollstoff
- 270 cm Reißverschluss (Meterware) und 4 Zipper
- schmales, doppelseitiges Klebeband für Textilien
- 1 Kleiderbügel

Zuschneiden

Stoff A

- 1x Rückteil im Bruch 2a und 2x Vorderteil 2b
- 2x Ausschnittverstärkung 2f

Stoff B

- je 1x Längstaschenteil 2c und 2d
- je 2x Taschenteil 2e

Reißverschluss

- A: 100 cm für 2b
- B: 100 cm für 2c und 2d
- C: 2x 35 cm für 2e

So geht's

1 Bereiten Sie als Erstes die Reißverschlüsse vor. Ziehen Sie hierfür auf jeweils zwei passende Reißverschlussbänder einen Zipper auf und nähen Sie die zusammenhängenden Bänderenden jeweils an eine Verdeckleiste.

2 + 3 Im nächsten Schritt nähen Sie an jedes Taschenteil (2c, 2d, 2e) rechts auf rechts jeweils ein passendes Reißverschlussband auf.

4 Für die längsgerichtete Tasche auf der Organizer-Rückseite legen Sie den schmalen Streifen der langen Tasche 2d rechts auf rechts bündig (Rundung auf Rundung) auf das Rückteil.

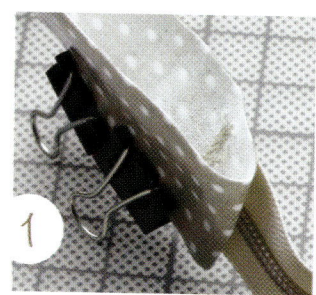

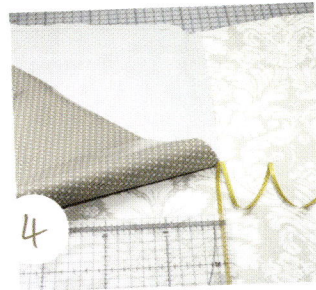

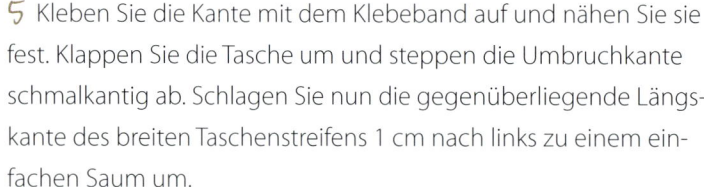

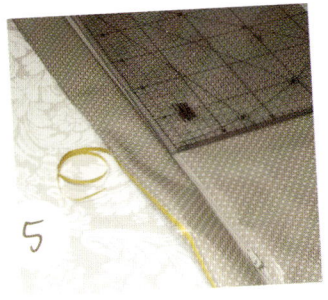

5 Kleben Sie die Kante mit dem Klebeband auf und nähen Sie sie fest. Klappen Sie die Tasche um und steppen die Umbruchkante schmalkantig ab. Schlagen Sie nun die gegenüberliegende Längskante des breiten Taschenstreifens 1 cm nach links zu einem einfachen Saum um.

6 Streichen Sie die Tasche (aus Teil 2c und 2d) glatt und kleben sie auf. Die Umbruchkante steppen Sie auf das Organizerteil 2a.

7 Für die Unterteilung der Längstasche steppen Sie im Abstand von 30 cm und 60 cm zur unteren Kante jeweils eine Quernaht vom Reißverschluss zum Taschenboden. Die obere und untere Taschenkante fixieren Sie schmalkantig mit einem langen Steppstich.

8 Bei den kleinen Taschen 2e ist der Reißverschluss nur auf einer Seite aufgenäht.

9 Diese kleinen Taschen 2e werden nun an die geteilten Vorderteile 2c und 2d genäht. Legen Sie nun hierfür die Reißverschlusseite der Taschenteile 2e rechts auf rechts im Abstand von 27 cm cm von der unteren schmalen Kante der Teile 2b auf und fixieren die Kante mit dem Klebeband.

10 Das Taschenteil zeigt hierbei nach oben zur Bügelrundung. Nähen Sie die Kante fest.

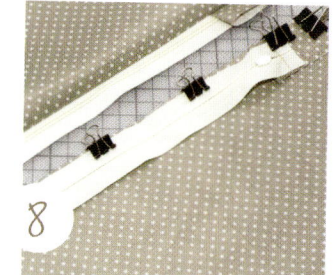

11 Falten Sie den Taschenbeutel am Reißverschluss nach unten, streichen den Beutel glatt und fixieren dann die seitlichen und die untere Kante zunächst mit Klammern und dann mit einem langen Steppstich schmalkantig auf Teil 2b. Arbeiten Sie das zweite Taschenteil, wie oben beschrieben, auf den zweiten Teil 2b.

12 Nun nähen Sie den Reißverschluss rechts auf rechts an die langen Kanten der beiden vorderen Taschenteile 2b, um hier auch ein vollständiges Vorderteil zu erhalten.

13 Achten Sie darauf, dass die Positionen der beiden vorderen Taschen möglichst auf gleicher Höhe liegen.

14 Öffnen Sie nach dem Einnähen den Reißverschluss ein Stück. Jetzt können Sie die Ausschnittverstärkungen 2f rechts auf rechts mittig an die oberen Taschenteile nähen.

15 Schneiden Sie an den Rundungen kleine Dreiecke in die Nahtzugaben und wenden Sie die Verstärkung.

16 Nun legen Sie das mit dem Reißverschluss verbundene Vorderteil 2b passend rechts auf rechts auf das Rückteil 2a und nähen die offenen Kanten rundum zusammen. Beginnen Sie dafür an einer Seite des Ausschnitts und enden auf der gegenüberliegenden Seite. Schneiden Sie die Nahtzugaben an den Ecken etwas zurück und wenden Sie Ihren Organizer durch den Reißverschluss. Stülpen Sie diesen abschließend über einen Bügel.

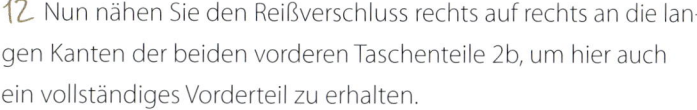

Schicke Resteverwertung

Zippertäschchen und Mäppchen | Größe: ca. 8 x 10 cm und 20 x 10 cm • Schablone 3 und Schnittteil 4 auf Bogen A

Übrig gebliebene Steifen oder Rechtecke haben Besseres verdient, als im Mülleimer zu landen. Ruckzuck lassen sich daraus kleine Täschchen und Mäppchen nähen.

Mäppchen

Material

- 15 x 45 cm beschichteter Baumwollstoff oder Wachstuch
- 50 cm Reißverschlussband (Meterware, nur 1 Hälfte) und 1 Zipper
- 15 cm Kordel, ca. ø 3 mm
- Schlüsselring, ca. ø 20 mm

Zuschneiden

- 1x Schnittteil 4 im Stoffbruch

So geht's

1 Fädeln Sie den Schlüsselring auf die Kordel, legen die Kordel zur Schlaufe und nähen sie in der Mitte an die Oberkante des Mäppchens. Dabei liegen die Kordelenden an der Schnittkante. Nähen Sie das Reißverschlussband mit 0,5 cm Nahtbreite rechts auf rechts ebenfalls an die Oberkante. Klappen Sie den Reißverschluss nach außen, drücken die Naht flach und steppen die Stoffkante schmal ab.

2 Ziehen Sie den Zipper auf.

3 Öffnen Sie den Reißverschluss bis zur Hälfte. Legen Sie den Stoff rechts auf rechts zur Hälfte und schließen die Seitenkanten und Unterkante mit 1 cm Nahtbreite.

4 Ziehen Sie den Stoff an den unteren Ecken auseinander, sodass die Seiten- und Bodennaht bzw. die Stoffmitte und Bodennaht aufeinanderliegen und nähen die Bodenecken 1 cm breit ab. Wenden Sie das Mäppchen.

Tipp *Ihr Rest ist kleiner? Sie können die Rechteckgröße in Höhe und Breite beliebig variieren. Wenn Sie die Ausschnitte an den Ecken vergrößern, werden Seiten und Boden des Mäppchens breiter.*

Zippertäschchen

Material

- 5 x 70 cm beschichteter Baumwollstoff oder Wachstuch
- 75 cm Reißverschluss (Meterware) und 1 Zipper
- Rest (ca. 4 cm) Webband, 1–1,5 cm breit
- Schlüsselring, ca. ø 20 mm
- ggf. schmales, doppelseitiges Klebeband für Textilien

Zuschneiden

- 1 Streifen à 2,5 x 62 cm, die Ecken mithilfe der Schablone 3 abrunden

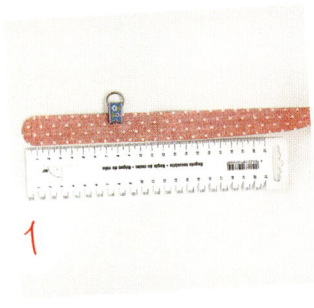

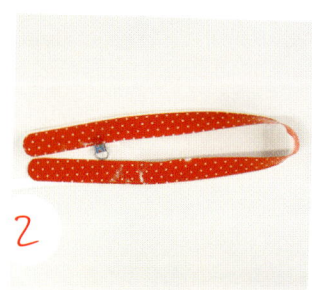

Tipp **Sie können das Reißverschlussband auch mit doppelseitigem Klebeband am Streifen fixieren und dann festnähen.**

So geht's

1 Zeichnen Sie im Abstand von 8 cm zum Streifenende an beiden Seiten Markierungen ein, 1x an der Ober- und 1x an der Unterkante. Fädeln Sie den Schlüsselring auf das Webband, legen das Band zur Hälfte und nähen die Schlaufe auf die linke Streifenseite, mittig über einer Markierung.

2 Ziehen Sie den Reißverschluss auseinander und nähen Sie die erste Bandhälfte an den Streifen. Beginnen Sie dabei an der Schlaufe und legen das Reißverschlussband so unter den Streifen, dass ein Ende etwa 2 cm neben der Schlaufe liegt (Richtung Streifenmitte). Beginnen Sie 0,5 cm neben der Markierung und nähen Sie zuerst das kurze Stück Richtung Streifenende. Die Reißverschlusszähnchen stehen dabei ca. 3 mm unter dem Streifen hervor, die Naht verläuft knapp neben der Stoffkante. Nähen Sie an der Rundung jeweils 1 bis 2 Stiche, lassen die Nadel im Stoff, heben das Füßchen, drehen den Streifen etwas und schieben das Reißverschlussband in die richtige Position. Nähen Sie dann das Band weiter an der langen Streifenseite bis ca. 0,5 cm vor der anderen Markierung fest.

3 Nähen Sie die andere Bandseite entsprechend an den Streifen, wieder mit jeweils 0,5 cm Abstand zu den Markierungen und so, dass das Band an der Schlaufe etwa 2 cm und an der anderen Seite mindestens 5 cm übersteht. Ziehen Sie den Zipper an der Seite ohne Schlaufe auf den Reißverschluss.

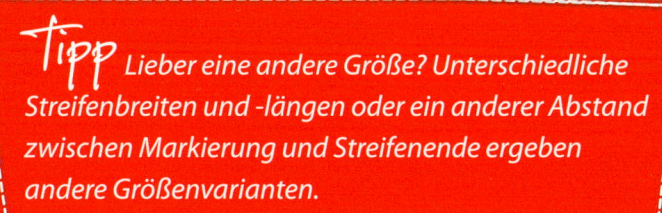

Tipp *Lieber eine andere Größe? Unterschiedliche Streifenbreiten und -längen oder ein anderer Abstand zwischen Markierung und Streifenende ergeben andere Größenvarianten.*

4 Ziehen Sie den Reißverschluss ganz zu, um zu testen, ob der Zipper richtig sitzt. Öffnen Sie den Reißverschluss wieder. Nähen Sie den Reißverschluss am äußeren Ende zu, damit der Zipper nicht wieder herausrutschen kann. Schlagen Sie die Bandenden unterhalb der Schlaufe im 90°-Winkel ein und fixieren die Enden mit ein paar Stichen von Hand. Fixieren Sie an den Rundungen die entstandenen Falten im Reißverschlussband ebenfalls mit ein paar Handstichen.

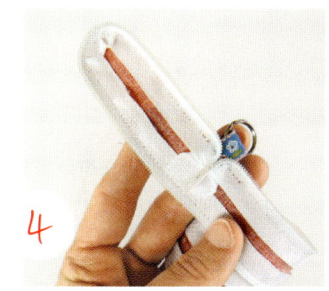

5 Schieben Sie den Zipper ganz ans Reißverschlussende, sodass Sie den Streifen glatt hinlegen können. Steppen Sie den Streifen von rechts 0,5 cm breit neben der ersten Naht ab. Beginnen Sie dabei am Zipper, wieder 0,5 cm von der Markierung entfernt. Nähen Sie die ganze Runde, ebenfalls bis 0,5 cm vor die Markierung am Zipper. Schneiden Sie das Reißverschlussende am Zipper bis auf einen Überstand von ca. 2 cm ab. Nähen Sie von rechts noch einmal über die bereits bestehende Steppnaht gegenüber des Zippers und fassen dabei das Reißverschlussende mit. Ziehen Sie anschließend den Reißverschluss ganz zu.

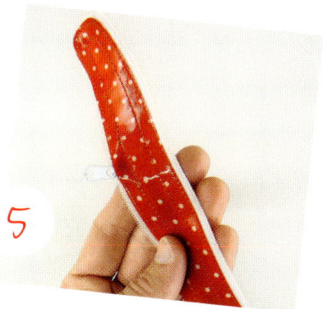

Sichere Festplatte

Ringbuch | Größe (geschlossen): ca. 18 x 23 cm • Schnittteile 5a bis 5c auf Bogen A

Adressen, Telefonnummern, Kochrezepte, wilde Gedanken – einmal auf Papier gebracht, bleiben Ihnen die Daten garantiert erhalten. Fehlt nur noch das Ringbuch, das alles zusammenhält.

Material

- Stoff A: 30 x 50 cm beschichteter Baumwollstoff
- Stoff B: 25 x 40 cm beschichteter Baumwollstoff
- Stoff C: 20 x 60 cm beschichteter Baumwollstoff
- stabile, aufbügelbare Einlage: 25 x 50 cm
- 1 Ringbuchmechanik mit Nieten zur Befestigung
- 1 Drehverschluss, messingfarben
- schmales, doppelseitiges Klebeband für Textilien
- wasserlöslicher Markierstift
- Patchworklineal
- Rollschneider
- Falzbein

Zuschneiden

Stoff C

- 1x Innentasche 5c im Stoffbruch
- 1 Rechteck A à 15 x 20 cm

Einlage

- 2 Rechtecke B à 18 x 23 cm (Seiten)
- 1 Streifen C à 3 x 23 cm (Mitte)
- 2 Verstärkungen für die Lasche 5b

So geht's

1 Bügeln Sie die 3 Einlagenteile mittig auf die linke Seite von Stoff A: Der Streifen C liegt in der Mitte, die Rechtecke B liegen seitlich davon mit einem ca. 1 mm breiten Abstand. Legen Sie ein feuchtes Tuch über die Einlage und bügeln Sie maximal bei Wolltemperatur (1 Punkt). Beachten Sie auch die Angaben des Herstellers der Bügeleinlage.

2 Schneiden Sie den Außenstoff rundum mit Rollschneider und Patchworklineal bis auf einen Überstand von 3 cm ab. Um die Ecken abzuschneiden, legen Sie das Lineal mit der 45°-Linie an die Schnittkante der Einlage und verschieben es seitlich, bis die Ecke der Einlage an der 1-cm-Markierung des Lineals liegt.

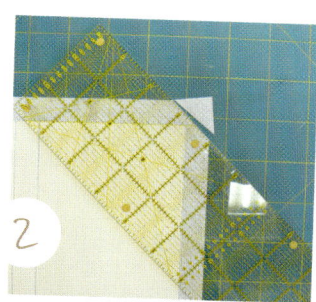

3 Legen Sie das Rechteck A rechts auf rechts zur Hälfte (= 7,5 x 20 cm), zeichnen Sie die Lasche 5a mithilfe der Schablone auf und nähen entlang der Linie die Stofflagen zusammen. Die kurze gerade Seite bleibt dabei zum Wenden offen. Schneiden Sie die Nahtzugaben an den geraden Seiten bis auf 5 mm, an der Rundung bis auf 2 mm zurück, und wenden Sie die Lasche. Die Kanten schmal absteppen.

4 Bügeln Sie die Verstärkungen für die Lasche aufeinander und schieben die Einlage in die Lasche. Falten Sie die Oberkante der Innentasche 1 cm breit nach links um und steppen den Umschlag fest. Kleben Sie den Innenstoff mit doppelseitigem Klebeband auf die Einlage. Kleben Sie an der linken Seite des Ringbuchs das Klebeband zunächst mit Schutzfolie auf. Hier wird der Innenstoff erst fixiert, nachdem der Verschluss angebracht worden ist. Die Innentasche ebenfalls mit Klebeband befestigen. Anschließend alle Lagen auf dem 1 mm breiten Zwischenraum zwischen den Einlageteilen aufeinandernähen. Markieren Sie sich dazu die Linien mit dem Markierstift und verriegeln Sie die Nähte jeweils dicht am

Rand auf dem Außenstoff (damit die Verriegelung nach dem Umklappen nicht sichtbar ist).

5 Legen Sie das Ringbuch mit der Außenseite nach oben hin. Markieren Sie die Position des Drehverschlusses: In der Höhe sitzt der Verschluss mittig, von der rechten, offenen Kante bis zur Verschlussmitte sind es 9,5 cm. Schneiden Sie ein passendes Loch (siehe Herstellerangaben) in Außenstoff und Einlage und montieren Sie den Verschluss. Fixieren Sie Innenstoff und Innentasche mit dem bereits vorbereiteten Klebeband. Falten Sie den Außenstoff mithilfe eines Falzbeins bis zur Einlagenkante und dann noch einmal entlang der Einlage nach links um.

6 Falten Sie den zweiten Umschlag an den Ecken wieder auf und legen Sie die 1x gefalzten Außenkanten rechts auf rechts bündig aufeinander. Nähen Sie die Ecken jeweils 1 cm breit ab, sodass Briefecken entstehen. Die Nahtzugaben an den Ecken zurückschneiden und die Ecken wenden.

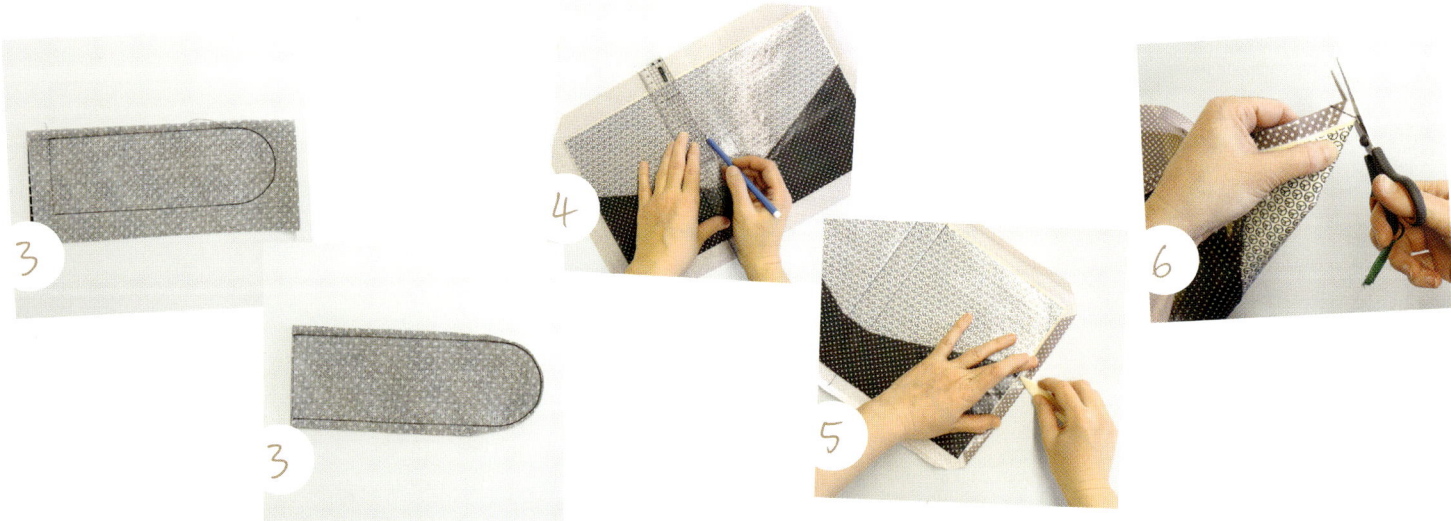

7 Kleben Sie den umgeschlagenen Rand des Ringbuchs eventuell mit Klebeband fest. Schieben Sie dabei die Lasche an der rechten Seite mittig unter den Umschlag.

8 Steppen Sie den Umschlag rundum schmal ab. Klappen Sie die Lasche nach außen. Lassen Sie dabei die Lasche innen so weit überstehen, dass eine Stifthalterung entsteht. Steppen Sie die Lasche mit einer rechteckigen Naht auf dem Umschlag fest.

Montieren Sie die Ringbuchmechanik mithilfe der Nieten in der Ringbuchmitte und das zweite Teil des Drehverschlusses passend auf der Lasche. Beachten Sie dabei die Herstellerangaben.

Tipp *PDF-Dateien, mit denen Sie sich Kalenderblätter, Vordrucke für ein Kochbuch oder Adresslisten ausdrucken können, finden Sie auf meiner Website www.Das-Nähzimmer.de.*

Fühl den Rhythmus

MP3-Player-Tasche | Größe: Höhe ca. 12 cm • Schnittteile 6a bis 6c auf Bogen B

Wenn Sie schnell einmal raus wollen, vielleicht zum Joggen, auf Ihre Musik und Erreichbarkeit jedoch nicht verzichten wollen, dann ist diese körpernahe, flexible Tasche Ihr neuer Lieblingsbegleiter.

Material

- 35 x 25 cm Neopren, 1,5 mm dick
- 1,6 m dünnes, elastisches Einfassband
- 3 Druckknöpfe
- schmales, doppelseitiges Klebeband für Textilien

Zuschneiden

Neopren

- 1x Schnittteil Armband 6a (Länge je nach Armumfang individuell anpassen)
- 1x Schnittteil Tasche 6b
- 1x Schnittteil Tasche 6c

So geht's

1 Fassen Sie zunächst alle Kanten von Teil 6a sowie die seitlichen und unteren Schnittkanten von Teil 6b und 6c mit dem Einfassband ein. Verwenden Sie hierfür am besten einen breiten Zickzackstich (Stichbreite und -länge 3–4). Schlagen Sie auch die Bandenden vor dem Aufnähen noch etwas nach innen ein.

2 Um die oberen Schnittkanten der Taschenteile sauber mit einzufassen, falten Sie eine Hälfte des Bandes zunächst um die obere und erst danach um die seitliche Kante. Achten Sie darauf, dass das Band schön mittig über der Schnittkante liegt und nicht zu sehr gedehnt wird, damit sich die Teile nicht verziehen.

3 Wenn Sie alle Kanten eingefasst haben, setzen Sie die kleine Tasche mit einem Abstand von ca. 5 mm von unten mittig links auf rechts auf die mittlere Tasche, fixieren sie mit Klammern und nähen Sie mit einem breiten Zickzackstich aufeinander.

4 Danach legen Sie die zusammengesetzten Taschen, wieder mit 5 mm Abstand zur unteren Kante, mittig auf das Armband, fixieren diese mit dem Klebeband und steppen sie ebenfalls mit einem Zickzackstich auf.

5 Zum Schluss befestigen Sie die vernietbaren Druckknöpfe auf der oberen kleinen Tasche, der Taschenschließe und den beiden Armbandenden (siehe Markierungen im Schnitt), …

6 … sodass der schmale Bandausläufer die Taschen gut schließt und sich die Bandenden bequem um ihren Oberarm legen, ohne zu rutschen oder einzuschnüren. Passen Sie dafür ggf. die Position der Druckknöpfe individuell an.

3

4

5

6

Frisch und knackig

Shopper in 3 Varianten | Größe: jew. ca. 40 x 32 x 16 cm (ohne Henkel) • Schnittteil 7 auf Bogen A

Die Shopper sind wahre Raumwunder. Egal ob Sportzeug oder Wochenendeinkauf – hier findet alles seinen Platz. Und dank der stabilen Verarbeitung ist auch das zulässige Gesamtgewicht beeindruckend.

Material
Pro Tasche

Für die Taschen können Sie beschichteten Baumwollstoff (Tasche 2) oder Kunstleder (Tasche 1 und 3) verwenden. Wenn Sie Kunstleder verarbeiten möchten, testen Sie am besten zuerst, ob Ihre Maschine mehrere Stofflagen nähen kann.

- Stoff A: 55 x 120 cm (für die Taschen 1, 2 und 3, Taschenteil)
- Stoff B: 45 x 140 cm (für die Taschen 1 und 2 mit genähten Henkeln)
- Stoff B: 10 x 100 cm (für Tasche 3 mit Henkeln aus Gurtband)
- Stoff C: 45 x 120 cm Baumwollstoff (Futter)
- 2,8 m Sicherheitsgurt, 5 cm breit (für Tasche 3 mit Henkeln aus Gurtband)
- 60 cm Reißverschluss (Meterware) mit 1 Zipper
- 1 Karabiner
- Rollschneider, Lineal, Schneideunterlage
- schmales, doppelseitiges Klebeband für Textilien (für Tasche 3)
- wasserlöslicher Markierstift

Zuschneiden
Stoff A

- 2x das Taschenteil 7 (die Markierungen der Einschnitte für die Henkel auch auf den Schnitt übertragen)

Stoff B

- 2 Streifen A à 14 x 140 cm (nur falls die Henkel genäht werden)
- 2 Rechtecke B à 8,75 x 40 cm (für den Verschluss)
- 1 Streifen C à 4 x 18 cm
- 1 Rechteck D à 5 x 10 cm

Stoff C

- 2x das Taschenteil 7
- 1 Streifen E à 4 x 70 cm *für Karabineranhänger*

So geht's

1 Tasche 1 und 2: Für die Henkel die Längskanten der Streifen A jeweils 2 cm nach links umschlagen. Als Orientierung können Sie sich auf die linke Stoffseite eine Linie im Abstand von 4 cm zur Kante zeichnen. Der Umschlag stößt dann an diese Linie. Die Bruchkante mit den Fingern oder einem Falzbein glatt drücken.

2 Falten Sie die Streifen A längs zur Hälfte, sodass die Bruchkanten aufeinanderliegen. Fixieren Sie die Streifen mit Foldback-Klammern. Steppen Sie beide Längskanten schmal ab.

3 Legen Sie das Schnittmuster bündig auf das Taschenteil und schneiden Sie mit Lineal und Rollschneider die Öffnungen für die Henkel ein.

4 Fädeln Sie die Henkel durch die Einschnitte an einem Taschenteil. Dafür an einer Seite am unteren Einschnitt beginnen und den Henkel von der Rückseite zur Vorderseite durch den Stoff ziehen. Den Henkel auch durch die anderen Einschnitte fädeln, sodass am oberen Einschnitt der Henkel ebenfalls von hinten nach vorne durch den Stoff gezogen wird. Fädeln Sie dann den Henkel auf der anderen Seite entsprechend von oben nach unten durch die Einschnitte.

5 Wiederholen Sie diese Schritte am zweiten Taschenteil. Achten Sie darauf, dass die beiden Henkelschlaufen die gleiche Länge haben. Steppen Sie die Henkel, wie eingezeichnet, auf die Taschenteile. Taschenteile rechts auf rechts aufeinanderlegen. Schließen Sie die Seitennähte und die Bodennaht, ohne dabei die Henkel mitzufassen.

6 Legen Sie die Nahtzugaben der Bodennaht zu einer Seite. Alle 4 Enden der Henkel liegen nach dem Durchfädeln an der Bodennaht im Innern der Tasche übereinander, zu viel Überstand ggf. abschneiden. Steppen Sie die Bodennaht von außen schmal ab und fassen dabei die Henkel mit. Im Bereich der Henkel für mehr Stabilität doppelt nähen.

7 **Tasche 3:** Fixieren Sie die Gurtbänder mit dem doppelseitigen Klebeband auf den Vorderseiten der Taschenteile, allerdings nur bis zur oberen Faltkante. Ein Patchworklineal eignet sich gut als „Anschlag", um das Band gerade und parallel zur Seitenkante aufzukleben. Achten Sie darauf, dass die beiden Henkelschlaufen die gleiche Länge haben.

8 Markieren Sie die obere Faltkante lt. Schnittmuster auf dem Band. Steppen Sie die Gurtbänder jeweils an beiden Seiten von der Unterkante bis zur oberen Faltkante auf die Tasche. Nähen Sie an der Markierung quer über das Band.

9 Taschenteile rechts auf rechts aufeinanderlegen. Schließen Sie die Seitennähte und die Bodennaht. Legen Sie die Nahtzugaben der Bodennaht zu einer Seite und steppen Sie die Bodennaht schmal und füßchenbreit. **Für alle Taschenvarianten:** Ziehen Sie die Taschenteile an den unteren Ecken auseinander, sodass Seiten- und Bodennaht aufeinanderliegen und Sie die seitlichen Bodennähte nähen können.

10 Schlagen Sie die obere Taschenkante 6 cm breit nach links um und steppen Sie die Kante schmal ab.

11

12

13

14

15

11 Für den Verschluss jeweils 1 Schmalseite der beiden Rechtecke B 1 cm breit nach links umschlagen und absteppen.

12 Die Reißverschlussbänder jeweils rechts auf rechts und 0,5 cm breit an eine Längsseite der Rechtecke nähen. Dabei an der umgenähten Schmalseite das Band ca. 10 cm überstehen lassen. Verstellen Sie zum Nähen entweder die Nadelposition nach links oder verwenden Sie einen Reißverschlussfuß, damit Sie nah an den Zähnchen nähen können. Legen Sie die Reißverschlussbänder nach rechts um und drücken Sie die Nähte mit den Fingern flach. Steppen Sie die Nähte schmal ab.

13 Ziehen Sie den Zipper von der offenen Schmalseite der Rechtecke auf die Reißverschlussbänder.

14 Legen Sie den Streifen C rechts auf rechts auf die offene Schmalseite des Verschlusses, nähen den Streifen fest und schlagen ihn um die Kante nach links um. Steppen Sie die Naht von rechts schmal ab und fassen dabei den Umschlag mit.

15 Falten Sie die Schmalseiten des Rechtecks D 1 cm breit nach links um, legen das Rechteck zur Hälfte und steppen die Seiten zusammen. Schneiden Sie die Nahtzugaben an den oberen Ecken diagonal zurück und wenden Sie das Rechteck. Das geht z. B. mit einem Wendewerkzeug sehr gut, bestehend aus einem Rohr und einem Stab.

16 Fahren Sie mit einem Holzstab oder Ähnlichem an der Naht entlang, um die Nähte nach außen zu drücken und formen das „Tütchen". Die offenen Enden des Reißverschlusses mit ein paar Stichen dicht nebeneinander fixieren, das „Tütchen" über die Enden schieben und festnähen, indem Sie es rundum schmal absteppen.

17 Nähen Sie den Verschluss rechts auf rechts an die Oberkante der Tasche (siehe Markierungen im Schnitt).

18 Den Streifen E an den Längsseiten jeweils 2x 1 cm breit nach links umschlagen und schmal absteppen, sodass ein Band entsteht. Fädeln Sie den Karabiner auf, schlagen das Bandende um und nähen es fest, um den Karabiner zu fixieren. Nähen Sie das offene Bandende etwa 5 cm unterhalb der Oberkante seitlich auf die rechte Seite eines Futtertaschenteils.

19 Legen Sie die Futterteile rechts auf rechts aufeinander und schließen Sie die Boden- und Seitennähte. Lassen Sie dabei an einer Seitennaht eine ca. 15 cm große Wendeöffnung frei. Bügeln Sie die Nahtzugaben auseinander. Schließen Sie die seitlichen Bodennähte, wie oben beschrieben. Stecken und nähen Sie das Futter rechts auf rechts an die Taschenoberkante (dabei liegt das Futter automatisch rechts auf links auf dem Verschluss). Wenden Sie die Tasche und schließen Sie die Wendeöffnung von Hand.

Auf und davon

Y-Bag | Größe: ca. 50 x 30 cm • Schnittteile 8a bis 8g auf Bogen B

Dies ist die sportlich-modische Alternative für den Tagesrucksack. Dank Innentaschen können die Wertsachen separat und sicher verpackt werden. Dabei bleibt genügend Platz für andere wichtige Dinge.

Material

- Stoff A: 60 x 40 cm Cordura in Gelb
- Stoff B: 60 x 100 cm Cordura in Oliv
- Stoff C: 50 x 30 cm 3-D-Abstandsgewebe
- 38 cm Reißverschluss (Meterware) in Neonorange und 1 Zipper
- 80 cm Gurtband, 30 mm breit
- 1 Steckschnalle, 30 mm
- kontrastreiches Ziergarn in Neonorange
- schmales, doppelseitiges Klebeband für Textilien

Zuschneiden

Stoff A
- 1x große Innentasche 8a
- 1x kleine Innentasche 8b

Stoff B
- 1x Taschenrückteil 8c
- je 1x linkes 8d, rechtes 8e und oberes 8f vorderes Taschenteil
- 4x Trägerteile 8g (davon je 2 gegengleich)
- 2x Verdeckleiste 8 x 3 cm

Stoff C
- 1x Taschenrückteil 8c

So geht's

1 Zuerst werden die Innentaschen gearbeitet. Säumen Sie hierzu die geraden Kanten der gelben Taschenteile. Nähen Sie ein Klettbandstück mittig in Höhe des Saumes von Teil 8a auf die linke Stoffseite.

2 Nähen Sie anschließend die kleine Innentasche 8b links auf rechts mit einem langen Steppstich an der geschwungenen Kante passend auf Teil 8a ...

3 ... und legen beide Teile links auf rechts bündig auf das Taschenrückteil 8c. Markieren Sie sich die Position des Klettverschluss-Gegenstückes und nähen dieses auf die rechte Seite von Teil 8c.

  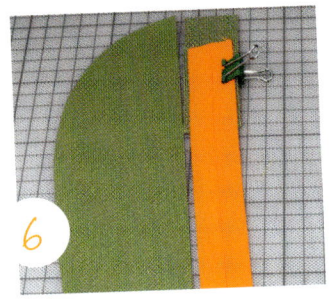 

4 Anschließend fixieren Sie die Innentaschen links auf rechts auf dem Taschenrücken ...

5 ... und danach alles links auf links auf das Abstandsgewebe.

6 Ziehen Sie den Zipper auf die Reißverschlussbänder und nähen Sie die links auf links halbierten Reißverschluss-Verdeckleisten auf die rechte Seite der Reißverschlussbänder.

7 + 8 Kleben Sie anschließend den Reißverschluss mit dem Klebeband rechts auf rechts auf die geraden Kanten der Vorderteile 8d und 8e und steppen ihn fest.

9 Legen Sie danach die Nahtzugaben zum Stoffteil und steppen die Nahtkante zum Reißverschluss schmalkantig von rechts mit

dem Ziergarn ab. Vervollständigen Sie das Vorderteil, indem Sie das Teil 8f an das untere zusammengesetzte Taschenteil rechts auf rechts aufnähen. Danach nähen Sie den Seitenstreifen zwischen den Passzeichen rechts auf rechts an das Vorderteil.

10 Im unteren Bereich werden die Rundungen schöner, wenn Sie die Nahtzugabe des Seitenstreifens ein wenig einschneiden.

11 Im nächsten Schritt nähen Sie die Trägerteile. Legen Sie hierfür je 2 gegengleiche Teile 8g rechts auf rechts zusammen. Schieben Sie zwischen die Lagen des oberen Trägerteiles ein Ende des längeren Gurtes, sodass das Bandende an der Schmalseite des Trägerteils ca. 1,5 cm herausschaut. Auf das andere Ende des Gurtes ziehen Sie den weiblichen Teil der Steckschließe und säumen das Bandende.

12 Nähen Sie danach die geschwungenen Kanten und die kurze Kante zusammen. Schieben Sie das männliche Steckschließenteil auf das kurze Gurtband und legen dieses zur Schlaufe. Bei dem unteren Trägerteil nähen Sie zunächst nur die seitlichen Nähte, schieben dann den kurzen Gurt mit dem eingefädelten Steck- schnallenteil zwischen die Teile 8g, bis die Gurtenden an der kurzen Kante ca. 1,5 cm herausschauen. Steppen Sie anschließend auch diese Kante. Schneiden Sie die Nahtzugaben an den Ecken ein wenig zurück und wenden Sie die Teile. Steppen Sie die Umbruch- kanten mit dem Ziergarn schmalkantig ab. Fixieren Sie die Träger- teile, wie im Schnitt eingezeichnet, auf dem rückwärtigen Taschen- teil (Träger zeigen mit Gurt Richtung Taschenmitte und liegen auf dem Abstandsgewebe).

13 Öffnen Sie den Reißverschluss des Vorderteils und setzen den Seitenstreifen zwischen den Passzeichen rechts auf rechts an das Rückteil und nähen dieses fest.

Wenden Sie anschließend alles durch den Reißverschluss, klippen die Steckschließe ineinander und stellen die richtige Länge indivi- duell ein.

Rollin´, rollin´, rollin´

Radkorb-Innentasche | Größe: 31 x 38 cm • Schemazeichnungen 9a in Grau auf Bogen A

Mal schnell mit dem Rad zum Schwimmbad, zum Shoppen in die Stadt oder auf den Markt, doch wohin mit all den Einkäufen? In dieser Tasche ist alles sicher verstaut.

Material

- Stoff A: 70 x 140 cm beschichteter Baumwollstoff
- Stoff B: 20 x 140 cm beschichteter Baumwollstoff
- Stoff C: 50 x 140 cm beschichteter Baumwollstoff
- 210 cm Gurtband, 50 mm breit
- 4 einschlagbare Ösen
- Rundgummi, 2 Stücke à 70 cm
- 22 x 23 cm aufbügelbare, lederähnliche Einlage
- schmales, doppelseitiges Klebeband für Textilien

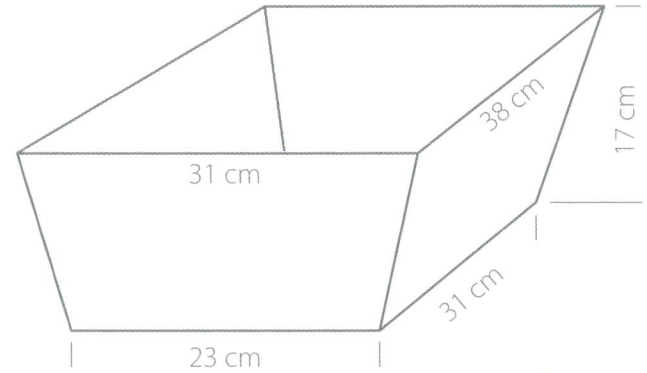

Zuschneiden

Stoff A
- 4x Bodenteil 9a (je 2x für innen und außen)

Stoff B
- 1x Streifen 9b à (oberer Rand + 2cm x 20 cm), hier: 140 x 20 cm

Stoff C
- 1x Rechteck 9c (oberer Rand + 2cm x 50 cm), hier: 140 x 50 cm

Einlage
- 1 Rechteck A à 23 x 31 cm (Taschenboden)
- 2 Rechtecke B à 3 x 6 cm

Schnittkonstruktion

Innenmaße: Länge x Breite (oberer und unterer Rand) x Höhe
Oberer Rand: 31 cm Breite x 38 cm Länge
Unterer Rand: 23 cm Breite x 31 cm Länge
Höhe: 17 cm

Konstruktion Schnittteile:

Vermessen Sie zunächst Ihren Radkorb. Sollten die Maße von dem hier verwendeten Beispiel abweichen, dann konstruieren Sie sich Ihren Schnitt entsprechend der Berechnungshinweise im Schnittteil 9a.

1 Arbeiten Sie als Erstes den Boden des äußeren Korbteils. Legen Sie hierzu die beiden Korbteile 9a rechts auf rechts bündig aufeinander und nähen die Unterkante zusammen. Legen Sie die Nahtzugaben auseinander. Bügeln Sie die Einlage A mittig auf die linke Stoffseite des zusammengesetzten Bodenteils (zum Schutz vor Überhitzung legen Sie eine Lage Backpapier zwischen Bügeleisen und Einlage). Nach dem Auskühlen legen Sie die Gurtbänder, wie im Schnitt eingezeichnet, als Schlaufe auf die rechte Seite des Bodens. Das obere Bandende schlagen Sie ein wenig ein, damit es nicht ausfranst.

2 Nähen Sie den Gurt rechts und links entlang der Bandkante innerhalb der Markierungszeichen auf den Stoff. Wenden Sie das Taschenteil und halbieren Sie es.

3 Schließen Sie als nächstes die Seitennähte, ziehen die Bodenecken auseinander und steppen die neue Bodenkante zusammen.

4 Arbeiten Sie nun den inneren Korbteil, wie oben beschrieben. Lassen jedoch in der Mitte der Bodennaht eine ca. 20 cm große Wendeöffnung frei. Sie benötigen hier weder Einlage noch Gurtbänder. Um die Tasche im Korb fixieren und den Verschlussbeutel schließen zu können, werden nun die Kordeltunnel vorbereitet. Hierzu markieren Sie sich entsprechend Ihres Schnittes die Position der Ösen auf den rechteckigen Einlagen B und die Position der Einlagen auf der linken Stoffseite des Taschenrandes 9b und des oberen Taschenbeutels 9c. Bügeln Sie die Einlage auf, lochen die Ösenmitte und drücken die Ösen lt. Herstellerangaben ein. Legen Sie nun den gepunkteten Streifen 9b an den Schmalkanten rechts

auf rechts aufeinander und nähen diese zusammen. Halbieren Sie danach den Streifen links auf links, sodass die Längskanten aufeinanderliegen, und steppen diese mit einem langen Geradstich zusammen.

5 Danach arbeiten Sie den Saum des oberen Taschenbeutels 9c. Schlagen Sie hierzu die obere Schnittkante 1 cm und dann nochmals 4 cm nach links um. Zur Fixierung kleben Sie den Saum mit doppelseitigem Klebeband fest.

6 Steppen Sie den Saum von der linken Seite schmalkantig fest.

7 Für den Kordeltunnel steppen Sie im Abstand von ca. 2,5 cm eine parallele Naht oberhalb der Saumnaht. Als Hilfsmittel können Sie den Abstandshalter Ihrer Nähmaschine verwenden.

8 Setzen Sie nun die Tasche zusammen. Schieben Sie hierfür rechts auf rechts das äußere in das innere Korbteil 9a und schieben Sie den Streifen 9b, mit dem Umbruch nach unten und den Ösen zum äußeren Teil zeigend zwischen beide Taschenteile. Zwischen den Streifen 9b und dem inneren Korbteil 9a schieben Sie noch den oberen Taschenbeutel 9c, die rechte Seite zeigt zum Streifen 9b. Die Schnittkanten aller 4 Teilen liegen aufeinander. Fixieren Sie diese mit Foldback-Klammern, schieben die Gurtbänder nach unten und nähen die Kanten aufeinander. Wenden Sie die Tasche durch die Wendeöffnung und nähen diese zu.

Zum Schluss ziehen Sie die Kordeln durch den Saum bzw. den Kordeltunnel und legen den Beutel in Ihren Fahrradkorb.

Alles gesichert

Unterarm-Safe | Größe: Höhe ca. 15 cm • Schnittteile 10a bis 10g in Grau auf Bogen B

Dieser Safe ist die Alternative für eine kleine Handtasche oder das Bepacken der Hosentaschen. Sehr praktisch, wenn Sie beim Sport sind oder auch mal Ihre Geldreserven im Urlaub versteckt unter der Jacke bei sich tragen wollen.

Material

- Stoff A: 15 x 40 cm Cordura
- Stoff B: 15 x 25 cm Neopren, max. 1,5 mm dick
- 80 cm dünnes elastisches Einfassband
- 6 cm Klettband (Flausch- und Hakenband)
- 50 cm Reißverschluss (Meterware) in Neongrün und 2 Zipper
- schmales, doppelseitiges Klebeband für Textilien

Zuschneiden

Stoff A

- 2x Taschenteil 10a
- Je 1x Taschenteil 10b, 10c,10d,10e und 10f

Stoff B

- 1x Armband 10g

Reißverschluss

- 1x 10 cm
- 1x 40 cm

So geht's

1 Nähen Sie den 10 cm langen Reißverschluss rechts auf rechts an die gerade Kante von Teil 10b und 10c und ziehen Sie einen Zipper auf. Legen Sie das so zusammengesetzte Teil links auf links auf ein Taschenteil 10a und fixieren die Außenkanten schmalkantig durch einen langen Steppstich.

2 Arbeiten Sie an die gerade Kante von Teil 10d einen Saum und fixieren diese Innentasche ebenfalls links auf links an das zweite Teil 10a. Alle Teile werden im Folgenden, wie auf dem Foto zu sehen, aneinandergesetzt.

3 Falten Sie zunächst die Verdeckstreifen 10e und 10f an den im Schnitt eingezeichneten Bruchkanten und stecken 10f mittig an eine lange Kante von Teil 10a. Teilen Sie danach den 40 cm langen Reißverschluss und nähen Sie jeweils eine Reißverschlusshälfte rechts auf rechts auf die Außenseite der Schnittkanten der Taschenteile 10a, sodass sich die aufgenähten Taschen im Innern des Safes befinden. Beginnen Sie hierbei knapp neben der Mitte des Verdeckstreifens. An den Rundungen schneiden Sie das Reißverschlussband schmal ein.

4 Fädeln Sie den Zipper auf beide Bänder und nähen die zweite Reißverschlusshälfte, wie oben beschrieben, an das andere Teil 10a.

5 Legen Sie den zweiten Verdeckstreifen 10e über die offenen Reißverschlusskanten und steppen ihn an den Seitenkanten fest.

6 Fassen Sie im nächsten Schritt die Nahtzugaben der Tasche sowie die Schnittkanten des Neoprens mit dem elastischen Einfassband mit einem breiten Zickzackstich ein.

7 Fixieren Sie ein Taschenteil 10a mit doppelseitigem Klebeband mittig rechts auf rechts auf dem Neopren-Armband.

8 Steppen Sie das Taschenteil schmalkantig neben dem Reißverschluss auf das Neopren. Verwenden Sie hier am besten den Reißverschlussfuß Ihrer Nähmaschine.

9 + 10 Abschließend runden Sie die Ecken der Klettbandteile mit einer Schere ab und nähen eines auf das innere und das andere auf das äußere Ende des Neoprenteils auf.

Nieder mit den Eselsohren

Buchhülle | Größe: ca. 13,5 x 20 x 5 cm (für Bücher bis zu einer Größe von 19 x 13 x 4,5 cm) • Schnittteile 11a und 11b auf Bogen A

Die perfekte Hülle für Ihr Lieblingsbuch! So sieht es selbst nach diversen Abenteuern noch aus wie neu. Die Größe können Sie Ihrem Buch ganz individuell anpassen.

Material

- Stoff A: 25 x 40 cm beschichteter Baumwollstoff
- Stoff B: 30 x 65 cm beschichteter Baumwollstoff
- Stoff C: 10 x 80 cm beschichteter Baumwollstoff
- Stoff D: 25 x 25 cm beschichteter Baumwollstoff
- 70 cm Reißverschluss (Meterware) und 1 Zipper
- ca. 30 cm Band (für das Lesezeichen)

Zuschneiden

Stoff A
- 2x Deckel 11a

Stoff B
- 2x Deckel 11a
- 2 Reißverschlussstreifen A à 3,25 x 60 cm
- 1 Verbindungteil B à 12 x 8,5 cm

Stoff C
- 2 Reißverschlussstreifen C à 3,25 x 60 cm
- 1 Verbindungteil D à 12 x 8,5 cm

Stoff D
- 2 Einstecklaschen 11b

So geht's

1 Nähen Sie die Reißverschluss-streifen füßchenbreit an das Reißverschlussband, verstellen Sie dazu entweder die Nadelposition nach links oder verwenden Sie den Reißverschlussfuß, damit Sie eng entlang der Zähnchen

nähen können: Nähen Sie die Reißverschlussstreifen A rechts auf rechts an den Reißverschluss, die Reißverschlussstreifen C rechts auf links. Dabei liegen Stoffkante und Reißverschlussband jeweils bündig aufeinander. Schlagen Sie die Streifen nach außen um, drücken die Nähte mit den Fingern flach und steppen sie schmal ab.

Tipp *Natürlich können Sie auch eine ganz individuelle Buchhülle für ein bestimmtes Buch nähen. Wie Sie die Größe der Teile berechnen, finden Sie am Ende der Anleitung. Um den Stoffverbrauch zu berechnen, erstellen Sie sich am besten einen Papierschnitt und legen die Teile entsprechend der Stoffbreite aus.*

2 Schlagen Sie jeweils 1 Längskante der Einstecklaschen 1 cm breit nach links um und steppen den Umschlag fest. Legen Sie die Einstecklaschen auf die Deckel aus Stoff B und nähen sie an den Außenkanten mit 0,75 cm Nahtbreite fest.

3 Nähen Sie das Verbindungsteil B auf einen Deckel aus Stoff A und das Verbindungsteil D auf einen Deckel aus Stoff B (siehe Foto). Dazu schlagen Sie die Schmalseiten 1 cm breit nach links um und nähen das Teil, wie eingezeichnet, auf (siehe graue Fläche im Schnittmuster).

4 Nähen Sie das Lesezeichen ebenfalls, wie auf dem Foto zu sehen, fest.

5 Markieren Sie sich am Reißverschlussstreifen die Abstände, die im Schnitt angegeben sind: 6, 14, 20, 14 und 6 cm. Legen Sie den Reißverschlussstreifen rechts auf rechts auf den Deckel aus Stoff A mit Verbindungsteil und nähen die ersten 6 cm fest. Die Naht verläuft genau zwischen den Markierungen im Schnitt, d. h. sie endet

1 cm vor der Ecke. Um die Nahtanfänge und -enden genau zu treffen, können Sie die Nahtlinien an den Ecken (= 1 cm Abstand zur Kante) auf der linken Stoffseite aufzeichnen.

6 Schneiden Sie die Nahtzugaben des Reißverschlussstreifens bis zum Nahtende schräg ein.

7 Legen Sie anschließend den Streifen rechts auf rechts an die nächste Kante und nähen Sie auch hier wieder genau von Markierung zu Markierung. Nähen Sie den Streifen entsprechend auch an die anderen Kanten.

8 Jetzt wird ein Deckel aus Stoff B (ohne Verbindungsteil) rechts auf rechts auf den Deckel aus Stoff A genäht, sodass der Reißverschlussstreifen dazwischen liegt. Nähen Sie dafür, wie oben beschrieben – lediglich das Einschneiden der Nahtzugaben entfällt. Achten Sie jedoch besonders an den Ecken darauf, nur die Nahtzugaben des Reißverschlussstreifens anzunähen. Falten Sie dazu den Streifen von der Naht weg.

9 Schneiden Sie die Nahtzugaben an den Ecken zurück und wenden Sie die erste Hälfte der Buchhülle.

10 Nähen Sie die zweite Hälfte der Buchhülle genauso zusammen. Ziehen Sie den Zipper auf die Reißverschlussbänder.

11 Öffnen Sie den Reißverschluss so weit wie möglich und legen Sie die überstehenden Rechtecke der Deckel in der richtigen Breite übereinander. Fixieren Sie die Enden der Reißverschlüsse mit einigen Stichen von Hand.

12 Schlagen Sie zuerst das Verbindungsteil im Inneren der Hülle an den Kanten nach links ein (kürzen Sie das Teil, falls nötig) und kleben es mit doppelseitigem Klebeband so fest, dass die Ansätze des Reißverschlussstreifens verdeckt werden.

13 Steppen Sie das Verbindungsteil rundum knapp ab, ohne dabei das Verbindungsteil auf der Außenseite mitzufassen. Fixieren und nähen Sie das Verbindungsteil auf der Außenseite genauso fest.

So bekommt Ihr Buch eine maßgeschneiderte Hülle:

- Zeichnen Sie ein Rechteck auf, das rundum 1,5 cm größer ist als Ihr Buch. An einer Längsseite zeichnen Sie in der Mitte zusätzlich einen 2 cm breiten Streifen ein, der etwa halb so hoch ist wie das Rechteck (siehe Schnittmuster). Schneiden Sie diese Vorder- und Rückseite je 2x aus Stoff A und B zu.
- Etwa zwei Drittel des ursprünglichen Rechtecks ergeben die Größe der Einstecklaschen. Sie werden 2x aus Stoff E zugeschnitten.
- Die Breite der Reißverschlussstreifen ergibt sich wie folgt: Buchdicke plus 2 cm geteilt durch 2.
  Zeichnen Sie die Nahtlinie auf Ihr Rechteck (= Linie mit 1 cm Abstand zur Außenkante). Messen Sie die Länge der Linien – entsprechend des Beispiels im Schnittmuster – und addieren Sie die Werte, um die Länge des Reißverschlussstreifens auszurechnen. 2 Reißverschlussstreifen aus Stoff B und 2 aus Stoff C zuschneiden.
- Ermitteln Sie, wie im Schnittmuster beschrieben, die Größe des Verbindungsteils und schneiden es je 1x aus Stoff B und C zu.
- Ihr Reißverschluss sollte etwa 5 bis 10 cm länger sein als die Reißverschlussstreifen.

Tipp *Wer den Reißverschluss gleich in einem Arbeitsgang einnähen möchte (Schritt 5 bis 8), kann auch direkt einen Deckel aus Stoff A und einen aus Stoff B rechts auf rechts aufeinandernähen und dabei den Reißverschlussstreifen zwischenfassen.*

Jeden Penny wert

Portemonnaie | Größe (geschlossen): ca. 12,5 x 11 cm • Schnittmuster 12a bis 12g auf Bogen A

Schön und praktisch – mit Kleingeld-, Geldschein- und Kartenfach! Fehlt nur noch die Garantie, dass dieses Schmuckstück auch immer gut gefüllt ist.

Material

- Stoff A: 20 x 90 cm beschichteter Baumwollstoff
- Stoff B: 20 x 140 cm beschichteter Baumwollstoff
- 2 einschlagbare Druckknöpfe, ca. ø 15 mm
- schmales, doppelseitiges Klebeband für Textilien
- ggf. Wendewerkzeug

Zuschneiden

Stoff A

- 1x Klappentasche 12a
- 1x Klappe 12b
- 1x Innenfach 12c
- 1x Geldscheinfach 12f
- 1 Streifen A à 4 x 30 cm

Stoff B

- 2x Kartenfach 12d
- 1x Geldscheinfach 12f
- 2x Kleingeldfach 12g
- 1 Rechteck B à 9 x 10 cm

So geht's

1 Legen Sie das Rechteck B rechts auf rechts zur Hälfte (= 9 x 5 cm), zeichnen Sie die Lasche 12e mithilfe der Schablone auf. Beachten Sie dabei eventuell das Muster. Nähen Sie entlang der Linie die Stofflagen zusammen. Die kurze gerade Seite bleibt zum Wenden offen. Schneiden Sie die Nahtzugaben an den Rundungen ein und wenden Sie die Lasche, eventuell mit dem Wendewerkzeug. Die Kanten schmal absteppen.

2 Steppen Sie die Teile 12g an der oberen Kante rechts auf rechts aufeinander. Eine der Nahtzugaben auf 0,5 cm zurückschneiden und beide Nahtzugaben an den Ecken etwas einschneiden. Die Teile auf rechts wenden und die Oberkante schmal absteppen. Falten Sie das Kleingeldfach, wie im Schnitt eingezeichnet, und steppen Sie die beiden mittleren Falten schmal ab.

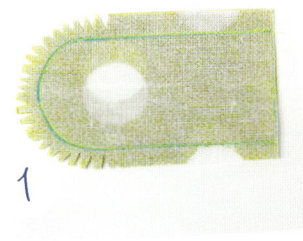

3 Falten Sie die Kartenfächer jeweils links auf links zur Hälfte (= 14,5 x 6,5 cm) und steppen die oberen Kanten schmal ab. Steppen Sie ein Kartenfach an den offenen Außenkanten auf Teil 12c. Unterteilen Sie das Fach durch eine Naht in der Fachmitte. Nähen Sie die Lasche links auf rechts an die Oberkante von Teil 12c.

4 Nähen Sie die Klappe 12b rechts auf rechts an die Oberkante von Teil 12c. Drücken Sie die Nahtzugaben auseinander und steppen Sie die Naht zu beiden Seiten schmal ab. Dabei werden die Nahtzugaben der Lasche an Teil 12c genäht, die Lasche selbst wird nicht abgesteppt.

5 Das Kleingeldfach 12g an den Außenkanten auf die rechte Seite von Teil 12a nähen.

6 Teil 12a mit dem Kleingeldfach und die Klappe mit dem Kartenfach rechts auf rechts aufeinanderlegen und an den Seiten- und der Oberkante zusammennähen. Die Nahtzugaben an den Rundungen einschneiden und diesen Teil des Portemonnaies wenden. Das zweite Kartenfach an eine Schmalseite von Teil 12f aus dem Blumenstoff nähen. Die Fachmitte ebenfalls absteppen. Die Teile 12f rechts auf rechts aufeinanderlegen und an der Oberkante zusammensteppen. Den entstandenen Streifen wenden und die Kante knapp absteppen. Die äußeren Viertel des Geldscheinfachs 12f, wie im Schnitt eingezeichnet, zur Mitte falten (dabei ist Stoff B außen) und an der Unterkante feststeppen. Jeweils nur von der Seite bis zur Mitte nähen, ohne die Nahtzugaben der Schmalseiten,

3

4

5

die in der Mitte aufeinanderliegen, mitzufassen. Eine Nahtzugabe auf 0,5 cm zurückschneiden und die Ecken einschneiden. Das Geldscheinfach wenden.

7 Die beiden Portemonnaie-Teile, falls nötig, an den offenen Kanten gerade abschneiden. Den Streifen A mittig rechts auf rechts an die Unterkante des Kleingeldfachs steppen. Anschließend den Streifen straff um die Kante herumlegen, das schmale Ende des Streifens 1 cm breit einschlagen, eventuell außerdem auch noch etwas kürzen und den Streifen bis zur Mitte auf das Kartenfach nähen. Das andere Ende des Streifens ebenfalls straff um die gegenüberliegende Kante legen, so abschneiden, dass sich die Streifenenden ca. 1 cm weit überlappen und festnähen.

8 Den Streifen nach außen klappen. An der anderen Kante des Streifens in der Mitte (gegenüber vom Kleingeldfach) das Geldscheinfach annähen, dabei werden nur die mittleren 12,5 cm des Streifens angenäht. Das Geldscheinfach nach außen klappen und die noch offenen Kanten des Streifens 1 cm breit einschlagen und mit Klebeband fixieren. Dabei stoßen die Streifenkanten an die gerade genähte Naht. Diese Naht von außen schmal absteppen und dabei auch die (bis jetzt nur geklebte) Kante des Streifens mit festnähen.

Die Druckknopfoberteile, wie eingezeichnet, an der Lasche und der Klappe montieren, die Unterteile entsprechend am Kleingeld-fach und dem Geldscheinfach einschlagen.

Fahrt ins Blaue

Lenkertasche | Größe: 28 x 22 cm • Schnittteile 13a, 13b, 13d und 13e auf Bogen B

Das praktische Gepäckstück mit Innentaschen! Am Lenker haben Sie ihre wichtigsten kleinen Siebensachen sofort griffbereit und können Sie dank Träger auch mal ohne Rad schnell mitnehmen.

Material
- Stoff A: 30 x 140 cm beschichteter Baumwollstoff
- Stoff B: 15 x 140 cm beschichteter Baumwollstoff
- Stoff C: 40 x 140 cm beschichteter Baumwollstoff
- 45 x 100 cm aufbügelbare, lederähnliche Einlage
- 20 cm Gurtband, 20 mm breit
- 90 cm Back-to-back-Klettband, 20 mm breit
- 20 cm Klettband (Haken- und Flauschband)
- 2 D- oder Eckringe, Stegbreite 20 mm
- 190 cm Reflexpaspel
- schmales, doppelseitiges Klebeband für Textilien
- optional: 80 cm Gurtband für Schulterriemen, 2 Karabiner

Zuschneiden
Stoff A
- je 2x hinteres Taschenteil 13a und vorderes Taschenteil 13b
Stoff B
- 2x Seitenstreifen 13c à 15 x 72 cm
Stoff C
- je 1x große und 1x kleine Innentasche Teile 13d und 13e
Einlage
- je 1x Teile 13a, 13b und 13c ohne Nahtzugabe

Klettband
- 3x 30 cm Back-to-back-Klettband
- 2x 10 cm Klettband (Hakenseite)
- 1x 20 cm Klettband (Flauschseite)
Gurtband
- 2x 10 cm

So geht's

1 Halbieren Sie zunächst die drei Innentaschenteile links auf links, sodass die Längskanten aufeinanderliegen. Steppen Sie die einzelnen Schnittkanten schmalkantig mit einem langen Geradstich zusammen. Legen Sie die kleine Innentasche mit den Schnittkanten bündig auf die große Innentasche, fixieren wieder die Außenkanten und steppen eine Unterteilung mittig auf die kleine Tasche. Danach fixieren Sie diese doppelte Innentasche an das innere Vorderteil.

2 Bügeln Sie die Einlage vorsichtig (mit Backpapier) auf die linke Seite der äußeren Taschenteile. Ziehen Sie danach jeweils einen D-Ring auf die kurzen Gurtbänder und nähen die Schlaufen, wie auf dem Foto zu sehen, auf den äußeren Seitenstreifen.

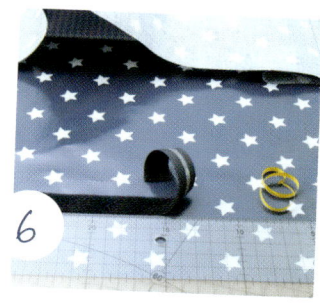

3 Nähen Sie die Futterteile zusammen: den Seitenstreifen rechts auf rechts auf das innere Taschenvorderteil, ...

4 ... anschließend die andere Kante des Seitenstreifens rechts auf rechts zwischen den ★ auf das Taschenrückteil.

5 Nähen Sie dabei nur bis zum ★ (1 cm vor der Kante des Seitenstreifens) und lassen Sie an einer Seite eine Wendeöffnung von ca. 6 cm frei. Für exakte Ecken schneiden Sie an der Ecke den Seitenstreifen ein und steppen die Nahtzugabe noch einmal zur Stabilisierung schmal an der Ecknaht ab.

6 + 7 Fixieren Sie die Back-to-back-Klettbänder, wie eingezeichnet, mit dem doppelseitigen Klebeband und nähen diese auf das äußere untere Taschenrückteil. Das Hakenband nähen Sie danach auf das äußere Vorderteil und das Flauschband auf der rechten Seite des inneren Deckelüberschlags, sodass sich diese beim Schließen der Tasche treffen.

8 Nähen Sie an die Kanten des Vorder- und Rückteils der Außentasche die Reflexpaspel auf.

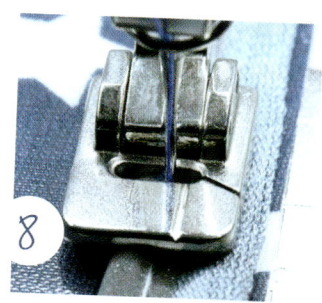

9 Verwenden Sie hierzu einen Paspel- oder einen Reißverschlussfuß. Bei Rundungen und Ecken schneiden Sie das Fixierband etwas ein.

10 Setzen Sie die äußeren Taschenteile, wie oben beschrieben, zusammen und nähen Sie die paspelierten Kanten so zusammen, dass Sie auf der Paspelfixierungsnaht steppen.

11 Exakte Ecken erhalten Sie wieder, wenn Sie das gerade Teil ein wenig in der Nahtzugabe an der Ecke einschneiden.

12 Wenden Sie die äußere Tasche und stülpen diese rechts auf rechts in die Futtertasche, sodass alle Nähte und Schnittkanten bündig aufeinanderliegen.

13 Fixieren und nähen Sie die vorderen Taschenkanten aufeinander.

14 Beginnen Sie hierbei exakt im Nahtende zwischen Seitenstreifen und Rückteil und enden Sie am gleichen Punkt auf der anderen Taschenseite. Nähen Sie nun die Taschenklappen ebenfalls exakt zwischen den Ansatzpunkten zusammen. Schneiden Sie alle Nahtzugaben an Ecken und Rundungen ein und wenden Sie die Tasche. Schließen Sie die Wendeöffnung durch schmalkantiges Absteppen.

Perfekt umhüllt

Heftumschlag | Größe: variabel

Man kann durchaus an den Wolf im Schafspelz denken, wenn selbst ein Hausaufgabenheft es schafft, so gut auszusehen.

Material

- Tyvek und Tischdeckenfolie, je 1 Stück: Breite = Heftbreite x 4, Höhe = Hefthöhe + 5 cm
- ggf. Tischdeckenfolie: 10 x 8 cm (zum Einstecken des Etiketts)
- ggf. etwas Tesa- oder Kreppband
- schmales, doppelseitiges Klebeband für Textilien
- Rollschneider, Patchworklineal und Schneidematte
- Folienstift
- Acrylfarbe und Pinsel
- ggf. Stoffreste und Maschinenstickgarn

So geht's

1 Zerknüllen Sie das Tyvek, sodass eine gleichmäßige Struktur entsteht. Streichen Sie das Rechteck mit den Händen wieder glatt (Nicht bügeln! Tyvek ist sehr hitzeempfindlich). Bemalen Sie das Rechteck mit den Acrylfarben und lassen die Farbe gut trocknen. Hier sehen Sie verschiedene Gestaltungsvorschläge. Sie brauchen jedoch nur 1 Stück.

2 + 3 Falls Sie ein Motiv auf die Vorderseite sticken oder malen wollen, messen Sie von der Rechteckmitte die Heftbreite nach rechts ab. Diese Fläche ist hinterher auf der Heftvorderseite sichtbar.

Platzieren Sie Ihr Motiv wie gewünscht. Sie können z. B. Blüten-blätter aus Stoff auflegen und freihand mit der Nähmaschine übersticken. Dazu den Transporteur versenken oder abdecken (Genaueres dazu finden Sie in der Gebrauchsanweisung Ihrer Nähmaschine), einen Stickfuß einsetzen und die Oberfadenspan-nung etwas lockern. Sticken Sie einen Stängel mit Blättern auf und die Konturen der Blütenblätter nach. Zum Schluss sticken Sie die Blütenmitte und darauf eine Spirale. Verschiedenfarbige, etwas unregelmäßige Linien machen das Motiv lebhafter.

4 Messen Sie die Hefthöhe ab und rechnen 1,5 cm hinzu. Zeichnen Sie mit dem Folienstift parallel zu den Längskanten 2 Linien mit diesem Abstand auf die bemalte/bestickte Seite des Tyveks. Kleben Sie außerhalb dieser Linien das Klebeband auf und kleben die Tischdeckenfolie über das gesamte Rechteck.

5 Steppen Sie parallel zu den Linien (in Richtung Rechteckmitte) im Abstand von 0,5 cm beide Lagen aufeinander. Schneiden Sie mit dem Rollschneider die Längskanten an den eingezeichneten Linien ab. Legen Sie das Rechteck um Ihr Heft. Schlagen Sie die Schmalseiten als Einschubklappen um die Heftvorder- und Rückseite und kontrollieren Sie dabei, ob Ihr Motiv/Muster auf der Vorderseite passend sitzt. Markieren Sie die Klappen und die Heftmitte, indem Sie die Kanten fest andrücken, sodass bleibende Knicke entstehen.

6 Falten Sie das Rechteck wieder auseinander und schneiden Sie die Einschubklappen an den Schmalseiten gerade ab, sodass die

Klappen nur 1 bis 3 cm schmaler sind als das Heft. Schneiden Sie dabei rechtwinklig zu den Längskanten.

7 Falls Sie ein Etikettenfenster aufnähen möchten, schneiden Sie aus der Tischdeckenfolie ein Rechteck in gewünschter Größe, positionieren das Fenster auf der Vorderseite des Umschlags und nähen es an den Seiten und an der Unterkante schmalkantig fest. Dabei können Sie das Fenster eventuell an der Oberseite mit Klebeband fixieren, damit es während des Nähens nicht verrutscht. Steppen Sie die Klappen an den Schmalseiten 0,5 cm breit ab. Schlagen Sie die Klappen nach innen ein und nähen sie oben und unten fest. Nähen Sie dabei auf der rechten Seite des Heftumschlags und genau auf den bereits bestehenden Nähten.

Es muss nicht unbedingt gleich eine Blume sein. Auch mit einfachen Zickzack- oder Schnörkellinien (freihand gestickt, siehe oben) können Sie auf Ihrem gemalten Untergrund interessante Akzente setzen.

Tipp *Falls Sie ein Foto einschieben möchten, steppen Sie zuerst die Schmalseite an der Vorderseite zu und nähen nur hier die Klappe fest. Schieben Sie dann durch die noch offene Schmalseite das Foto ein und nähen zum Schluss die Klappe auf der Rückseite zu und fest.*

Material und Nähtechniken

Material

Cordura ein sehr robustes, abriebfestes, texturiertes Nylon. Es ist schnell trocknend, wasserabweisend und langlebig, jedoch nicht uneingeschränkt UV-beständig.

Neopren besteht aus Chloropren-Kautschuk, ist wasserdicht, druckelastisch, 4-Wege-elastisch und durch die eingeschlossenen, kleinen Luftblasen wärmeisolierend. Mit Nylon- oder Polyester-Jersey kaschiert, sogar vor Abrieb geschützt und hautsympathisch.

3-D-Netzgewebe ist ein 3-lagiges Abstandsgewirk aus einem Polyesternetz, einem dichteren Gewirk mit einem innen-liegenden Abstandsgestrick. Es wird gerne als atmungsaktive Abpolsterung für Taschen, Rucksäcke u. Ä. verwendet.

Tyvek ist ein Vlies aus Polyethylen mit hoher Dichte. Flächengebundene Produkte fühlen sich papier- oder folienartig an, punktförmig gebundene Produkte haben einen weicheren textilen Charakter. Tyvek ist sehr strapazierfähig und reißfest, aber nicht hitzebeständig.

Wachstuch hat sich als Bezeichnung für beschichtete (Vlies-)Stoffe durchgesetzt. Der bedruckte Stoff wird mit einer Kunststoffschicht überzogen und erhält so eine glatte, wasserfeste Oberfläche.

Beschichteter Baumwollstoff entsteht, wenn Baumwollstoffe mit einer Kunststoffschicht überzogen werden. Die Stoffe können bedruckt oder durchgefärbt sein. Die Oberfläche wird durch die Beschichtung wasserfest.

Nähtechniken

Nahtzugaben: Die Nahtzugaben sind in den Schnittteilen und Maßen bereits enthalten. Falls nicht anders angegeben, sind sie 1 cm breit.

Stofflagen fixieren: Nadeln lassen sich nur schwer durch die Beschichtung stechen und hinterlassen Löcher. Falls Sie Stecknadeln verwenden wollen, achten Sie darauf, die Nadeln nur auf den Nahtzugaben einzustechen. Einfacher ist es, die Stofflagen mit Wäscheklammern, Foldback-Klammern, Krepp-Klebeband oder schmalem, doppelseitigen Klebeband für Textilien zu fixieren.

Schaffen Sie Platz: Beschichtete Stoffe sind starrer als normaler Baumwollstoff. Schaffen Sie deshalb ausreichend Platz um die Nähmaschine, sodass Ihr Stoff beim Nähen flach liegen kann. Geht das nicht, müssen Sie darauf achten, den Stoff rechtzeitig umzuschlagen, damit er nicht anstößt und sich der Stoff unter dem Nähfuß verschiebt bzw. der Transporteur nicht mehr optimal arbeiten kann.

Teflonfuß, Obertransport und Malerkrepp: Der normale Metallnähfuß bleibt an der Stoffbeschichtung „kleben", und die Stofflagen verschieben sich beim Nähen gegeneinander. Verwenden Sie deshalb einen Teflonfuß, den Obertransport, oder umkleben Sie Ihren Nähmaschinenfuß mit Malerkrepp.

Zipper aufziehen: Schneiden Sie an einer Bandseite die Reißverschlusszähnchen einige Millimeter ab. Schieben Sie den Zipper mit der breiten Seite nach vorne auf die andere Seite des Bandes. Schieben Sie dann den Zipper auch auf die zweite Bandseite. Achten Sie dabei darauf, dass die Stoffkanten zu beiden Seiten des Reißverschlusses in gleicher Höhe aufeinandertreffen.

Impressum

Idee und Realisation: Carmen Dahlem,
Beate Schmitz
Lektorat: Claudia Schmidt
Redaktion: Angelika Klein
Fotos: Florian Bilger
Styling: Kerstin Robbin
Stepfotos: Carmen Dahlem, Beate Schmitz
Schnittbogen: Beate Schmitz
Gesamtgestaltung und Satz: GrafikwerkFreiburg
Reproduktion:
RTK & SRS mediagroup GmbH, Hohberg
Druck und Bindung: DEAPRINTING, Novara
(Italien)

ISBN 978-3-8410-6244-4
Art.-Nr. OZ6244

3. Auflage 2014

© 2013 Christophorus Verlag GmbH & Co. KG
Freiburg
Alle Rechte vorbehalten.

Hersteller/Bezugsadressen

- A.U Maison, Hammel (Dk)
  www.aumaison.dk

- Extremtextil - Martin Gaebert, Dresden
  www.extremtextil.de

- farbenmix GbR, Schortens
  www.farbenmix.de

- Freudenberg Vliesstoffe SE & Co. KG, Weinheim
  www.vlieseline.de

- griffBereit, Freiburg
  www.griffbereit-design.de

- ideenhoch3, Stegen
  www.ideenhoch3.de

- Kurt Frowein GmbH & Co. KG, Wuppertal
  www.kurt-frowein.de

- Kitsch Kitchen, Amsterdam, (Nl)
  www.kitschkitchen.nl

- Prym Consumer Europe GmbH, Stolberg
  www.prym-consumer.com

- Stoffe Brünink & Hemmers GmbH, Nordhorn
  www.stoffe-hemmers.de

- Union Knopf GmbH, Bielefeld
  www.unionknopf.com

Kreativ-Service

Sie haben Fragen zu den Büchern und Materialien? Frau Erika Noll ist für Sie da und berät Sie rund um
alle Kreativthemen. Rufen Sie an! Wir interessieren uns auch für Ihre eigenen Ideen und Anregungen.
Sie erreichen Frau Noll per E-Mail: mail@kreativ-service.info oder Tel.: +49 (0) 5052 / 91 18 58 Montag bis
Donnerstag: 9–17 Uhr / Freitag: 9–13 Uhr

Besuchen Sie uns im Internet: www.christophorus-verlag.de